EIN KLECKS GING MAL SPAZIEREN

Max Kruse

EIN KLECKS GING MAL SPAZIEREN

Kindergedichte

———————

Mit 12 Illustrationen von Gertraud Funke

Verlag Sankt Michaelsbund

WINDKINDER

DER WINDBRÄUTIGAM

Dem Windbräutigam
fehlt ein Windbräutigamskamm
für das Windbräutigamshaar.
Denn der Windbräutigam kann
mit dem Windbräutigamskamm
das Windbräutigamshaar
kämmen wunderbar.
Ist doch klar!

———————

DIE WURZELFEE

Wisper
knisper
Wurzelfee,
wer mich sucht,
dem tu ich weh:
Beiß' ihn
in den großen Zeh –
werf' ihn
in den Tümpelsee –
tunke ihn
ins Glibbermoor –
kneif
ihn
in sein Lumpenohr –
drehe ihm
die Nase quer ...
Wenn du Mut hast
komm nur her!

————————

WALDSPAZIERGANG

Zwei Kinder
gehen
durch den Wald
und sehen:
Den Hasen
fehlt hier der Rasen
zum Grasen.
„Drum",
sagt das eine
zum anderen Kind,
„lass uns suchen,
wo Hasen
beim Grasen
sind!"

—————

DIE WINDBRAUT

Die Windbraut
schaut
mit hochgesträubten Haaren.
Was mußte sie erfahren?
Dass „uh!" und „oh!"
und „ah!" und „eh!"
dem Bräutigam
der große Zeh
so weh tut
schon seit Jahren.

———————————

ABENDLIED

Mond
Baum
Abendruh
Mond
Traum
Augen zu
Mond
Wolke
Silberlicht
Mond
Mond
Rede nicht

_____

DAS NACHTSCHAF

Hat
das Nachtschaf
ein Kind
und einen Zylinder
nicht minder,
trägt
das Nachtschaf
sein Kind
und den Zylinder
nicht minder.
Denn –
das ist leicht zu verstehen:
weder Kind
noch Zylinder
können gehn!

————————

MEIN HAUS

Dies ist ein Haus
dies ist mein Haus,
und niemand soll drin wohnen
als ich und du
und Müllers Kuh
und tausend Kaffeebohnen.
Doch Schwirrlefips
und Schwarlefaps
und Trippeltrips
von Trappeltraps,
die sollen mich verschonen!

———————————

KARTENGRUSS

Gehen
acht Füße
Hand in Hand,
schreiben
vier Grüße
aus fernem Land.
Den ersten:
auf frohes Wiedersehn;
den zweiten:
es ist wunderschön;
den dritten:
dass man sie nicht vergisst;
den vierten:
dass es Gut-Wetter ist.
Dann
hat man sie lange
nicht mehr gesehn,
Hand in Hand
auf acht Füßen gehn.
Und auch
die Grüße
aus fernen Welten –
wurden selten!

———————

WALDSPAZIERGANG

Gehn ich und du
im Wunderschuh,
gehn ich und du
durch sonderbare Träume:
Der Uhu liest das Nachtbrevier,
die Hasenmädchen tanzen,
auf einem Baumstumpf singen vier
vergnügte Schwalbenwanzen.
Und fern und nah
und nah und fern
hört man die Hunde heulen.
Sie trauern, weil der Abendstern
verschluckt ward von den Eulen.

_____

ICH BIN ICH

Ich, Schuhu,
bin nicht du,
kannst du das verstehen?
Wär ich du
und nicht Schuhu,
wär das ein Versehen.
Aber so
gehn wir froh
auf der Welt spazieren:
Ist der Floh
kein Eskimo,
braucht er nicht zu frieren.
Das ist zwar
sonderbar,
aber auch sehr weise –
ich, Schuhu,
wär' nicht gerne du
und auch keine Meise.

———————————

DER SONDERBARE FISCH

„Ich geh zu Tisch",
spricht der Fisch.
Seltsam
ist er
anzusehn:
Selten
können
Fische gehn.

———————

DIE ROLLER-KOLLERIN

Was rollert
und kollert
da her und hin?
Es ist
die Roller-Kollerin.
Die,
weil sie
das Roller-Kollern
liebt,
so fleißig
das Roller-Kollern
übt.
Und wenn sie
das Roller-Kollern
kann,
dann wird sie
Frau Roller-Kollermann.

———————————————

ZAUBERSPRUCH

Nimm Entenfedern,
Löwenzahn
und einen Löffel
Lebertran.
Sprich Hunke-
munke-mops dabei
und mische
einen dicken Brei.
Schmier dir
die Nasenspitze ein
und stell dich
in den Mondenschein.
Und schwebst du nun
nicht in die Nacht –
dann hast du etwas
falsch gemacht!

———————

DER ÜBERALL

Pirr
schirr
kabirr
puff
knuff
kabuff
witsch
kabbelwitsch
knall

ICH BIN ÜBERALL!

————————————

NATURWUNDER

Herr Schops
und Sohn Lops
sehen
und verstehen,
dass die Sterne
viel zu ferne,
um sie wieder blank zu putzen,
wenn die Wolken
sie verschmutzen.
Drum
– spricht Schops
zu Lops –
mein Kind,
gottseidank
tut das der Wind!

————————

KINDERSPIEL

Nimm Kohle und male
mit eigener Hand
ein riesiges Ei
an die Zimmerwand.
Dann zeichne noch
ein paar Kringel hinein,
das sollen ganz wenige
Haare sein.
Nun ist es natürlich,
das sieht jeder Tropf,
ein fast ganz glatzköpfiger
Hinterkopf.
Kommt dein Vater nach Hause,
rufe ihm zu:
„Schau mal, Papachen,
so schön bist du!"
Dann musst du
ganz schnell
aus der Stube rennen,
weil Väter sowas
nicht leiden können!

———————

HEXENHERBST

Hui –
Hexenherbst
Apfelherbst
bums!
auf den Kopf –
Wirbelwind
wildes Kind
fliegt da der Schopf.
Schmerz vergiß!
Apfelbiß,
der tut nicht weh.
Blätterherbst
Apfelherbst,
bald kommt der Schnee.

———————————

GERÜCHTE

Rasch,
ich sag dir was ins Ohr,
und das kommt
dir komisch vor.
Also hör' mal,
weißt du schon,
dass Herr Tante
und Frau Sohn
gestern Abend
früh um acht
nichts gemacht?
Vorher sind sie außerdem
nachher, währenddessen dem
niemals nirgendwo gewesen.
Kannst es lesen!
Denn die Zeitung
war dabei,
übermorgen um halb drei.
Auch Herr Tante
und Frau Sohn
wissen's noch nicht,
sondern schon!

———————

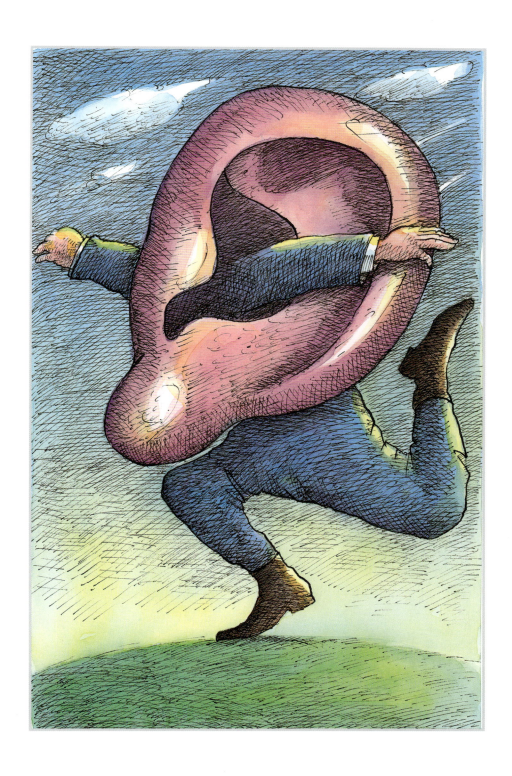

GUTER RAT

Ein Kind
im Wind
läuft
manchmal
hinter
seinen Haaren her,
wenn es,
wie es
ja oft geschieht,
vor Bürste,
Kamm
und Schere flieht.
Drum wär
für dieses Kind
es gut,
es trüg
beim Ausgehn
einen Hut.

HERR SCHNECK

Herr Schneck
(mit seinem Versteck)
kommt so rasch,
dass es braust
um die Ecke gesaust.
Da schreit er laut:
Halt!!!
Fast
wären wir
zusammengeknallt!
Herr!!!
Sehen Sie nicht,
dass ich
die Vorkriech habe?
Sie sind vielleicht
ein Unglücksrabe!
Beinahe hätte es
einen Unfall gegeben.
Mir verdanken Sie,
dass Sie
noch leben!
Sie haben wohl
keinen Kriecherschein?
„Nein!"
brummt der Stein.

_____

NOMEN EST OMEN

Es war einmal
eine Familie,
die wusste nicht mehr,
wie sie hieß:
entweder Knurzelpotilie
oder Knorzelpoties.
Sie machte sich
ernste Gedanken
und ging bedrückt herum.
Sie begann zunächst
sich zu zanken
und wurde schließlich
stumm.
Das kam,
weil diese Familie
mit Namen Knorzelpoties
oder auch Knurzelpotilie
so gern wüsste,
wie sie hieß!

————

ARMES TIER

Ein Tier
steht hier
vor einem
Baum.
Doch denkt es kaum
an diesen Baum,
es spürt vielmehr:
mein Bauch
ist leer!
(Leer ist er auch,
des Tieres Bauch!)
So kann
dies arme Tier
nicht leben.
Man muss ihm was
zu fressen geben.
Danach
– befreit von Hungerpein –
legt es sich nieder
und schläft ein.
Vielleicht
erscheint ihm nun
im Traum
der Baum?

———

DIE NEUESTE MODE

In diesem Jahr
trägt man Spitzen
mit Schlitzen,
ziemlich viel Schleifen
und Schuhe,
die kneifen.
Man hüllt sich
und knüllt sich
von unten bis oben
in tolle Gard'roben.
Man trägt sogar
Bürsten im Haar!
Aber
das Allertollste
vom Tollen
ist, dass wir
rückwärts
rollen sollen!

———————

IRRWISCH

Wirrle
knirrle
knarrlefax
Hexen
Bexen
Exenmax
Suse
Schmuse
Satansbrei
morgen
ist die Nacht vorbei!

———————————

KATZENSTOLZ

Als Schnurrvater
die Menschen gemacht,
hat er zu wenig
nachgedacht!
Sie sind zwar groß –
aber sonst ist nichts
mit ihnen los!
Sie wollen befehlen,
krakeelen,
uns quälen ...
Ich bin empört!
Hat sie
schon mal einer
schnurren gehört?
Haben sie Tatzen
zum Kratzen?
Können sie schleichen?
Und gelingt ihnen jemals
das Schwanz-Fragezeichen?

Meistens sitzen sie
faul herum
und plappern dumm.
Und vor der
winzigsten Maus im Haus
reißen sie aus!
Man muss sie verachten –
was sie wohl
ohne uns Katzen
machten?

———

SO ODER SO

Den Hund
auf seinem Kopf
zu tragen,
bereitet selten
Wohlbehagen,
weil Hunde
keine Hüte sind.
Und außerdem
muss man sich fragen,
was wohl die Leute
dazu sagen,
die Leute
sind ja auch nicht blind!
Vielleicht
– das ist zu überlegen –
wär es in diesem Fall
ein Segen,
man drehte
Hund und Herrchen um?
Doch ist es,
mit Verstand besehen,
nicht einfach,
auf dem Kopf
zu stehen!
(Womöglich
nimmt der Hund
das krumm!)

SCHAFSGEDANKEN

Einem Schaf
macht es kein Vergnügen
zu sehen, dass
die Vögel fliegen.
Manche Schafe
grübeln drum:
warum
fliegen die Vögel
herum?
Während
ein Schaf
nur geht
oder liegt –
aber nie fliegt!
Offenbar gibt es
auf diesem Gebiet
einen betrüblichen
Unterschied.
Und natürlich
denkt es dann:
meine Eltern
sind schuld daran!

———————

DROHUNG

Mann,
du kommst mir
gerade recht,
Mücke! Fliege!
Stiefelknecht!
Lumpensohn
und Knüllpapier,
Flohbaron
und Lausetier!
Dich zerreiß ich
in der Luft,
schnauf dich ein
wie Kuhstallduft ...
hast du heut nicht
dran gedacht
und die Murmeln
mitgebracht!

———————

FEDERLEICHT

HAHN IM HÜHNERHOF

Ein Wurm
zwei Würmer
drei Würmer

Sehr viele Würmer

Eine Henne
zwei Hennen
drei Hennen

Sehr viele Hennen

Doch ein Hahn
ist ein Hahn
und ein Hahn

nur ein einziger Hahn

———————————

DER HAHN

Ohne mich
bitte sehr
wär die Welt
ziemlich leer

Küken
Hennen
Frühstücksei
ohne mich
vorbei
vorbei

Ende
Aus
und ausgeliebt
Ach
wie gut
dass es
mich gibt.

————

45

DER KLEINE TIGER

Ich bin
ein kleiner
Tiger
der keinem
etwas tut

Ich lebe
nicht
am Niger
und lecke
auch
kein Blut

Ich bin
überhaupt nicht
vonnöten
und habe
keinen Zweck

Man braucht
mich nur
zu töten
dann bin ich
auch noch
weg

———

DIE KUH

Immer nur
Milch geben
ist das
ein Leben

Ich meine
ist das
ein Lebenssinn
so
vom Stall
zur Weide
her
und hin

Da wird man
gefüttert
und wird
gemolken
da frißt
man Gras
und guckt
in die Wolken

Ich weiß nicht
aber
irgendwie
bin ich doch nur
ein armes
Vieh

———

DER WÜTERICH

Ich finde
mich
so grauenhaft
dass ich
vor Angst
vor mir
vergehe

So tief
so schwer
so rätselhaft
dass ich
mich selber
kaum
verstehe

Ich finde
mich
so fürchterlich
ich mag
mich selber
nicht berühren
Ich bin
der größte
Wüterich
mit unerträglichen
Allüren

Ich bin
ein grausamer
Despot
und jetzt
ist es
gleich Sieben
Da ist es
Zeit
zum Abendbrot
Ihr dürft
mich wieder
lieben

————

FROSCHGEDANKEN

Ich bin
so schön
dass man
mich malen
sollte

Ich quake
so
als ob
der Donner
grollte

Und siehst
du
meine Glubber-
Augen
Mann

So rund
so klug
O bete
mich
doch an

———

DER BOCK

Tief
tief
in dir
sitzt ein Tier
gleich mir

Glühend rot
und mit Krallen
und Geifer
ein Feuerspeier
ein schriller Pfeifer

Ein Kratzer
und Nager
ein Beißer
und Schlager

So unappetitlich
und flegelhaft
dass man's
am besten
beiseite
schafft

Doch versuch mal
es hinter
den Ohren
zu kraulen

Dann schnurrt es
und schmatzt
und hört auf
zu maulen

———————

KATZENÄRGER

O Schmaus
o Schreck
die Maus ist weg

Warum
können Mäuse
hüpfen
trippeln
klettern
springen
schlüpfen

Warum
können Mäuse
riechen
hören
wittern
sich verkriechen

Mäuse sollten
dankbar
fragen
Kätzchen
willst du
mich
nicht jagen

Mäuse sollten
fröhlich
piepsen
Kätzchen
willst du
mich
nicht ziepsen

Denn
es ist
mein Mäuse-
glück
brichst
du mir
das Maus-
genick

———

HUNDEWELT

Die ganze Welt
riecht lasterhaft
nach Hunden
Katzen
Schnecken
nach Käse
Wurst und Leidenschaft
an Sträuchern
Steinen
Ecken

Die ganze Welt
ist ein Roman
der
aufgewühlten
Seelen
Ich
hebe auch
das Hinterbein
um meinen
zu erzählen

Die ganze Welt
ist ein Gericht
der schnupperndsten
Ekstase
An jedem Baum
steht ein
Gedicht
das les' ich
mit
der Nase

———

KATZ UND MAUS

Unter der Erde
und im Geäst
die Mäuse drunten
die Vögel
im Nest

Wie es zappelt
und rappelt
und flattert
und fliegt

bis es
von mir
einen Tatzenhieb
kriegt

Den toten Vogel
die tote Maus
die trage ich
zart
zwischen den Zähnen
ins Haus

Dort leg
ich sie nieder
ohne
zu murren

Ich bin ja nicht roh

Ich rolle
mich ein
und beginne
zu schnurren

Leistung macht froh

———————————

KATZENFABEL

Schniebel Schnabel   Dieses ist
Katzenfabel   die Katzenweise
Wilde Jahre   und
Schnurrbarthaare   vor allem
Liebesnächte
Mondgefechte   leise
Scharfe Krallen
Wohlgefallen   leise
Knurren
fauchen   ———
schleichen
krauchen
Schnurren
murren
maunzen
schlecken
Springen
kriechen
sich verstecken
Schnuppern
riechen
Buckel schlagen
Schlummern
wittern
Mäuse jagen

SPATZENTSCHILPEN

In der
Hinterhofgasse
Siebenundvierzig
und neun
hat das Fräulein
Zerkasse
wieder
vergessen zu streun

Weder Hanf
noch Nüsse
Nicht einmal
Kern
oder Korn

Verstehen Sie
meine Verdrüsse
und meinen
heiligen Zorn

Das ist doch
wahrhaftig
zum Weinen
und ein
verdammter
Skandal

Immer
zu uns Kleinen
ist man
so unsozial

———

FISCHGLÜCK

Kühle
Kühle
Kühle
Keine Gefühle

Stille
Stille
Stille
Und auch kein Wille

Schwimmen
Treiben
Schweben
Kein Widerstreben

Ohne Hast
ohne Last
ohne Zeit

Blaue Versunkenheit

KÜNSTLER

Hier hast du
zwei Tiegel
und jeder
enthält
mit Tusche
und Tinte
ein Bild
dieser Welt

Die Welt
ist der Strich
und die Welt
ist das Wort
Die Welt
ist dein Ich
und das Licht
und der Ort

Die Welt
ist der Flügel
der Vogel
der Strauch
Die Welt
ist der Hügel
der Herbst
und der Rauch

Du brauchst
nur
den Pinsel
du brauchst
keine Kraft
es reicht
deine ruhige
Meisterschaft

GLÄSERNER VOGEL

Ich bin
ein Vogel
aus Samarkand

Ob Kunstwerk
oder Jahrmarkts-Tand
Wer wollte
das ermessen

Ich bin
ein Vogel
der nicht
fliegt
ein Vogel
den der
Wind
nicht wiegt
Man kann
mich auch
nicht essen

Ich bin
ein Vogel
der nicht
singt
ich bin
ein Lied
das nie
erklingt
Mich hat
ein Prinz
besessen

Ich bin
ein Vogel
aus Traum
und Glas
ein Vogel-Scherz
ein Vogel-Spaß

Und heiteres
Vergessen

————

SPASSVÖGEL

KATZENGESPRÄCH

Maunz
Miau
Murr!

Schlaunz
Schliau
Schnurr!

Rrrrr
Schlurr
Schlupp.

Prrrz
Prrr
Pfffubbb.

WAAA! WAU! WAU!
RURRR! RRRAU!

Nichts wie weg!
Husch!

Stille
im Busch!

———

BEOBACHTUNG

Zarte, feine
klitzekleine
Spuren
findest du
im Schnee.

Zarte, kleine,
klitzekleine
Spuren –
die sind nicht
vom Reh.

Diese
Krikelkrakel-
Grüsse
schrieb
ein andrer Gast
hierher.
Zickel-Zackel
Vogelfüsse –
schau!
Dort sind
schon keine mehr!

Denn nur eben,
fast im Schweben,
hüpfte, pickte
er im Lauf
und
mit einem Sprunge,
Schwunge,
flog er
zu den Wolken
auf.

——

RECHENSTUNDE

Drei Affen
die zwei Karaffen
begaffen,
wollen es
schaffen
solange,
ohne zu lachen
auf die Karaffen
zu gaffen,
bis einer der drei Affen
keine Lust mehr hat
zu gaffen
und ihnen
eine Nase dreht,
und geht.

Dann
begaffen
nur noch
wieviele
Affen
wieviele
Karaffen?

Während
einer
in die Ecke saust,
wo er sich laust …

———————————

ABZÄHLREIM

Eene, meene, dene,
weisse Beissezähne
hat ein jeder in dem Mund.
Hast du aber keene
scheene weisse Zähne,
biste nicht gesund.

———————————

WERBUNG

Bitte sehr
schau mal her,
du mit deinem
wirren Schopf,
du mit deinem
Wuschelkopf,
du mit deinem
Stachelbart!
Komm doch mit auf unsre Fahrt
mit dem tollen Omnibus,
in den großen Kaukasus.
Zahlst nur eine Kleinigkeit.
Dafür kriegst du
auch ein Kleid,
Kaffee, Töpfe, wollne Decken
Radios um dich zu wecken,
auch ein Buch mit klugen Sprüchen,
ein Parfüm mit Wohlgerüchen.
Alles gratis fast und frei
und ich selbst bin auch dabei!

Doch die Eule
rät und spricht:

Lieber Freund,
das machst du nicht.
Mir brauchst du
nichts zu erzählen,
anzupreisen, auszuwählen.
Denn wenn du zurückgekehrt,
ist der Plunder nichts mehr wert.
Doch die Rechnung
bringt dich um!
Nein, da krächze ich Alarm!
Kaffeefahrten
machen arm.
Also – hast du
das gehört?
Meine Eule ist empört.
Und der Vogel
rät mir klug:
Finger weg von dem Betrug.

Will ich in den Kaukasus,
fahr ich nicht im Omnibus,
wo man mir soviel verspricht.
Werte Dame! Niemals! Nicht!

MEIN GLÜCK

Draussen kreischt
die Strassenbahn.
Drüben gröhlt
ein Blödian.
Über mir
tobt ein Klavier,
nebenan
ein Hundetier.
Unten
dröhnt das Radio
und das Wasser
rauscht im Klo.
In der Küche
pfeift der Topf
und ein Hammer
übt Klopf-Klopf.

Doch mir macht das
garnichts aus,
denn ich bin ja nicht
zuhaus!

———

ARZTBESUCH

Hochverehrter Herr Doktor!
Vieles kommt mir
seltsam vor:

An dem Herzen
hab ich Schmerzen,
an der Leber
nagt ein Eber.
In der Lunge
pfeift ein Junge.
In der Blase
schnupft die Nase.
Und in meinem Magen, o!
Tobt die Schlacht von Waterloo.

Kein Problem,
Herr Bommelmund,
denn
Sie sind
ja
kerngesund.

_____

LIEBESERKLÄRUNG

Schnurpsel
heiß ich
und ich beiß dich
kräftig
in den großen Zeh.

Weil –
wenn ich dir
Schmerz
bereite,
mit dir
zanke,
mit dir
streite –
tu ich dir
gar nicht
weh.

Sondern –
wenn
die Fetzen
fliegen,
heisst das
nur,
dass wir uns
lieben!

———

NA SOWAS

Ungefähr
um sieben Uhr
andrerseits
am Montag nur –
Dienstags
Freitags
um halb acht –
oder Samstags
in der Nacht –
Mittwochs
Donnerstags
um zwei
und am Sonntag
kurz vor drei –
ist es mir
manchmal
passiert
dass mein kleiner
Finger friert

———

75

ZÄHLEN LERNEN

Eins und Eins
ist Zwei.
Auf Zwei
da folgt
die Drei.
Auf Drei
da folgt
die Vier –
der Vater
trinkt ein Bier,
die Mutter
spielt Klafünf,
die Sechs
geht durch die Sümpf,
die Sieben
hat bei Nacht
gelacht.
Durch's
Schlüsselloch
dreht sich
die Acht.
Die Neun
bleibt vor
der Zehn
gleich stehn –
ich sage dir
auf Wiedersehn!

76

ZEIT-WÖRTER

Ich bin,
du bist,
wir sind –
so lernt es jedes Kind.

Ich war,
du warst,
wir waren –
auch das ist bald erfahren.

Doch was dazwischen
so geschwind,
von Tag zu Nacht
vorüberrinnt –
das ist,
das wird gewesen sein:
dein Wirbelwind
von Jahren,
der eben erst
beginnt.

———

RÄTSEL

Hast du schon mal
was gehört
von dem Gast,
der jeden stört?
Oft sitzt er
im Hundefell,
selten auch
im Bettgestell.
Selber
ist er nicht
behaart,
doch er liebt
den Ziegenbart.
Zierlich,
bissig,
hüpfefroh:
Dieser Gast,
er heißt
der …

———

RÄTSEL

Es ist einmal ein Mann gewesen,
der weder schreiben wollt noch lesen.
Er schrieb den eignen Namen nicht,
las weder Zeitung noch Gedicht.
Er stand nur stumm am gleichen Ort.
Der Frühling kam – da floss er fort.
Nichts andres von ihm übrig blieb,
als das, was ich hier niederschrieb.

———————————————

VOM SCHAF MIT DEN GROSSEN OHREN

Ein Schaf
mit riesengroßen Ohren
schaute traurig
und verloren
in den Spiegel
und es hat
dabei gedacht:
Gute Nacht!
Irgendwer
hat sich
einen Spaß
mit mir
gemacht!

————

81

TEETRINKENDER ESKIMO

In seinem Iglu
nur aus Schnee
trank ein Eskimo den Tee,
den man fern
in China machte.

Und er dachte:
Ei! Ei! Ei!
Das ist heiße
Arzenei.
Ist es auch
in China heiß?
Brauchen die Chinesen
Eis?

Soll ich Ihnen
welches schicken,
abgepackt
in kleinen Stücken?

Doch
bei einem
fetten Essen
hat er es
dann glatt vergessen
und sich
rülpsend ausgeruht.

Das war
auch besser so.

Wasser
macht die Post
nicht froh.

———————

PONYTRAUM

Ich hab einmal
ein Pony gesehen,
das trug
eine Schleife
im Haar.

Die rote Schleife
stand ihm,
dem Pony,
wunderbar.

Seine Mähne
war aus Seide,
sein Fell
war weich und zart.

So kam es
über die Weide,
auf sanfte
Ponyart.

Seine Hufe,
die waren
aus Silber,
die schimmerten
bei Nacht.

Und mit seinen
weichen Lippen,
da hat
mein Pony
gelacht!

———

KLECKS-GEDICHT

Ein Klecks
ging mal spazieren,
er trug
ganz schwarze Schuh.
Und um
nur nicht
zu frieren,
knöpft er
den Mantel zu.

Sein Kopf,
der war verschwunden,
in einem
schwarzen Tuch.
Auch trug er
schwarze Blumen,
als ging er
zu Besuch.

Doch leider
lief die Tusche
mir plötzlich
aufs Papier:
Da ward der Klecks
verwandelt
schnell in
ein Ungetier.

Ich riss es
auseinander:
zweimal!
Jetzt gab es drei!
Und wer mir
das nicht
glauben will,
den reiß ich
auch entzwei!

────────

RÄTSELHAFT

Ich bin
und will
kein andrer sein.

Ich war,
da war ich noch
sehr klein,
und werde,
wenn du dies
gelesen,
viel größer sein
als ich gewesen.

Doch –

was ich auch war
und bin
und werde:
Ich bleibe
stets
ein Kind
der Erde.

————

KINDERTRAUMBOOT

Ich hab einmal
ein Haus gesehen,
das stand
in einem Boot.
Und schwamm darin
den Fluß hinab.
War
ganz leuchtend rot.

In diesem Haus
da säße
ich gern lange Zeit,
und schaute
aus dem Fenster
in meinem
schönsten Kleid.

Den Leuten
fern am Ufer
winkte ich
fröhlich zu.
Und wenn es
langsam
dunkel wird,
macht ich
die Läden zu.

Dann segelte
mein Häuschen
mit mir
als leichter Fracht
durch meine
Kinderträume
die ganze
lange Nacht

———————

NACHWORT

Max Kruse gehört zu den vielseitigen Autoren unserer Literatur-
landschaft. Auch wenn er die Sujets in seiner literarischen Laufbahn
häufig wechselte, blieb doch die Beschäftigung mit Kindern und
Kindergeschichten vorherrschend. Weniger bekannt ist, dass Max
Kruse auch als Lyriker ein beachtliches Schaffen vorzuweisen hat.
Im Jahr 2001 erschien im Verlag Sankt Michaelsbund die Sammlung
„Ich bin ein Vogel aus Samarkand" mit Gedichten für Erwachsene,
die den Autor von einer überraschenden Seite zeigten. Deutlich
wurde hier, dass Max Kruse poetische Stimmungen sprachlich vir-
tuos wiederzugeben vermag und dass er dazu über einen großen
Formenreichtum verfügt. Dieser Band zeigte ihn als einen Magier,
der in viele Rollen schlüpft und sich bei vielen Kulturen bedient.
Dabei scheint ihn die fernöstliche Kultur, die chinesische Lyrik,
besonders zu inspirieren.

Das ist auch in der vorliegenden Sammlung spürbar. Sie führt erst-
mals Texte in einem Band zusammen, die Max Kruse für Kinder
geschrieben hat und natürlich auch für Erwachsenen, die noch wie
Kinder fühlen und denken können. Aufgenommen wurden fast alle,
1968 in dem Buch „Windkinder" erschienenen Gedichte. Jochen
Bartsch hatte damals kongeniale Tuschzeichnungen als Vorlage für
die leichtfüßige Poesie von Max Kruse geliefert. Diese Zeichnungen
sind auf ihre Weise unwiederholbar und mit dem damaligen Buch so
verbunden, dass sie sich nicht einfach in einer erweiterten Sammlung
neu nutzen lassen. Ähnlich verhält es sich bei den chinesischen
Farbholzschnitten des Bandes „Federleicht" aus dem Jahr 1982.
Obwohl die Verse auf die Farbholzschnitte antworten, können sie
auch für sich stehen und wurden darum, von wenigen Ausnahmen
abgesehen, ebenfalls berücksichtigt.

Da sich die beiden Bilderwelten nicht miteinander vereinbaren lie-
ßen, entschlossen sich Verlag und Autor, die Bebilderung der

Gesamtauswahl einer Künstlerin aus München zu übertragen. Gertraud Funke ist in Zeulenroda/Thüringen geboren und in Buxtehude aufgewachsen. Sie war viele Jahre als Gebrauchsgraphikerin tätig, als Illustratorin für Kinder- und Jugendbuchverlage sowie vor allem für die Süddeutsche Zeitung. In ihren Bildern zu diesem Band zeigt sie sich als eine Künstlerin, deren Figuren und Szenerien die Gedichte von Max Kruse auf manchmal ganz überraschende Weise „beim Wort nehmen" oder satirisch-ironisch beleuchten. Weil sich Gertraud Funke entscheiden musste, für welche Gedichte sie ihre Illustrationen entwickeln wollte, kam es naturgemäß gegenüber den früheren Bänden zu Verschiebungen bzw. anderen Akzentsetzungen. Das Gedicht „So oder so" hatte Max Kruse beispielsweise zu der bereits vorhandenen Tuschzeichnung „Dame mit Stoffhund als Hut" von Jochen Bartsch geschaffen. Nun steht es ohne verdeutlichende Illustration in dem Buch – und behauptet sich trotzdem. Vielleicht wird es dadurch sogar noch phantastischer, noch absurder. „Der kleine Tiger" bezog sich ursprünglich auf einen volkstümlichen, chinesischen Holzschnitt, der rührend harmlos ist und eher einen Stofftiger als den Herrn des Dschungels meint. Das muss nun die Sprache allein suggerieren und sie tut es meisterhaft. Ähnliches gilt für den „Gläsernen Vogel", bei dem es sich um das kaum handtellergroße Produkt eines venezianischen Glasbläsers handelte, das zum Versand über die Seidenstraße bestimmt war.

Die Kapitel „Windkinder" und „Federleicht" entsprechen, wenn auch um einige Texte gekürzt, den gleichnamigen Büchern. Das dritte Kapitel „Spaßvögel" enthält dagegen ausschließlich Texte, die bisher gar nicht oder nur vereinzelt veröffentlicht wurden. Alle Gedichte sind „Texte letzter Hand", das heißt: der Autor hat sie noch einmal durchgesehen und stellenweise überarbeitet. Die Endauswahl erfolgte dann gemeinsam zwischen Verlag und Autor. So ist ein repräsentativer Sammelband erschienen, falls sich das Wort repräsentativ überhaupt auf Kindergedichte anwenden lässt.

Dafür sind sie dann doch zu spielerisch und manchmal auch zu fragmentarisch. Wie kein anderer zeitgenössischer Schriftsteller beherrscht Max Kruse nämlich die Kunst, leichte und luftige Gebilde zu komponieren. Er ist ein Klangmaler, dessen Gedichte beispielsweise der Schauspieler Otto Sander unnachahmlich für die digitalen Zeitgenossen in „Klangfarben" übersetzt hat. Da wispert und knispert, da rollert und kollert, ächzt und krächzt es.

Der Klangmalerei verschwistert ist die Unsinnspoesie. Hier steht Max Kruse zweifellos in der Nachfolge von Christian Morgenstern, freilich ohne den Ehrgeiz, das Kindergedicht auch noch mit Tiefsinn zu beladen. Er hält sich eher an eine Phantastik, die verspielt und skurril, gelegentlich sogar grotesk ist. Seine Gedichte brauchen keinen Halt in der Wirklichkeit, sie sind sich Halt genug. Gerade weil sie scheinbar so weit weg sind von der Wirklichkeit, widerspiegeln sie diese um so treffender. Sonst könnte ein Hahn kaum von sich behaupten, dass ohne ihn die Welt ziemlich leer ist. Max Kruse erweist sich gerade bei den Tiergedichten als ein Meister der Menschendarstellung. Wie traurig ist das Schaf, das sich in seinem Spiegel verliert und wie traumhaft-sicher läuft das Pony über die Weide! Dass es dabei mit weichen Lippen lacht, macht es einzigartig. Dies ist vielleicht das zentrale Geheimnis der Kindergedichte von Max Kruse: jedes steht einzigartig da und schildert eine einzigartige, unwiederholbare Situation. Jetzt wissen wir beispielsweise, dass ein Abendlied, so viel oder wenig es auch mitzuteilen weiß, immer mit dem Schweigen enden muss: „rede nicht". Wie überhaupt das Schweigen in den meisten Gedichten Kruses anwesend ist …

Vieles Merkwürdige passiert mit den Versen. Es kommt aber auch vor, dass sich der gesteigerte Unsinn plötzlich in Sinn verkehrt. Dann steht ein ernsthaft-ruhiges Gedicht zwischen den Rätseln und Zaubersprüchen, mitten im kichernden, sprunghaft-assoziierenden, bildersprudelnden Durcheinander. „Künstler" ist so ein Gedicht, aber auch das „Kindertraumboot", mit dem der Autor den Bereich des Kindergedichtes fast schon verlässt. Hier wird zwischen den Zeilen eine Melancholie spürbar, die den wissenden Blick des Erwachsenen verrät. Max Kruse erweist sich in seinen Versen mehr noch als in seinen Erzählungen als ein Meister der Balance. Er vermeidet die Pose der Anbiederung, die so viele Kindergedichte unerträglich macht, und bleibt trotzdem ein Erwachsener, der weise genug ist, um wieder ein Kind sein zu dürfen. Wer immer in diesen Kindergedichten spricht, hält auf Distanz zu allem, was er beobachtet und kommentiert. Max Kruse inszeniert seine Gedichte selbst dort, wo sie Purzelbäume wie ein Kobold schlagen. Das macht sie zu einem Lesevergnügen nicht nur für Kinder, sondern genauso für Erwachsene, die sich die Lust an der Sprache und am Erfinden von Bildern bewahrt haben. Insofern ist diese Sammlung eine längst überfällige Wiedergutmachung für einen Autor, der zwar literarisch respektiert, aber als Lyriker immer noch nicht richtig wahrgenommen wird.

Erich Jooß

SPASSVÖGEL

1. Auflage 2003
© 2003 by Verlag Sankt Michaelsbund, München
Printed in Italy

Layout, Satz und Einbandgestaltung: Sibylle Schug
unter Verwendung von Illustrationen von Gertraud Funke
Herstellung und Produktion: Atelier Klinger & Schug, München

Gesetzt aus der Times Eighteen 14/18,
gedruckt auf PhoeniXmotion

ISBN 3-920821-32-7